EXPOSÉ DES VOIES ET MOYENS

POUR LA

CONSTRUCTION DE LA CASERNE

PRÉSENTÉ

AU CONSEIL MUNICIPAL

PAR

M. PARISET, maire de Castelnaudary.

Séance extraordinaire du 4 novembre 18

EN VENTE A CASTELNAUDARY :

Chez MM. LABADIE et Louis GROC, Imprimeurs-Libraires.

EXPOSÉ DES VOIES ET MOYENS

POUR LA

CONSTRUCTION DE LA CASERNE

PRÉSENTÉ

AU CONSEIL MUNICIPAL

PAR

M. PARISET, maire de Castelnaudary.

Séance extraordinaire du 4 novembre 1874

EN VENTE A CASTELNAUDARY :

Chez MM. LABADIE et Louis GROC, Imprimeurs-Libraires.

Toulouse, rue des Balances, 43. — Imprimerie Centrale, E. VIGÉ. — LUPIAC, direct.-gér.

EXPOSÉ DES VOIES ET MOYENS

POUR LA

CONSTRUCTION DE LA CASERNE

CHAPITRE PREMIER

SITUATION FINANCIÈRE DE LA VILLE A LA FIN DE L'EXERCICE 1874.

Nous avons à traiter une grosse opération, à contracter un emprunt considérable. Quelles ressources actuellement disponibles avons-nous ? Quelles ressources pourrons-nous affecter à l'amortissement de la dette dont la ville va être chargée ?

Le point de départ de la recherche des *mesures* que nous aurons à adopter est la connaissance exacte de la situation financière de la ville, à la fin de l'exercice courant, et qui se compose de deux éléments :

D'une part, la balance des recettes et des dépenses du budget de l'année 1874 ;

D'autre part, le relevé des engagements qui grèveront les budgets ultérieurs.

Nous *allons essayer* de déterminer successivement chacun des deux éléments.

Résultats de l'exercice 1874.

Lors de la session de mai, j'ai eu l'honneur de vous faire connaître que le budget de l'exercice 1874 se solderait par un découvert ou un déficit de 16 à 18,000 fr. L'affirmation que je vous donnai à ce sujet, n'obtint pas de vous le crédit que méritait l'étude attentive à laquelle je m'étais livré ; elle toucha cependant quelque peu les membres de la commission du budget, qui s'efforcèrent de créer des ressources pour parer au découvert que j'avais annoncé. Sur leur proposition, vous avez inscrit aux chapitres additionnels des articles de recettes qui ont mis le budget en équilibre, mais en équilibre sur le papier seulement. Ces articles n'ont donné jusqu'à l'heure où je vous parle que des recettes insignifiantes. Je l'avais prévu ; il n'y avait pas grand mérite à cela, et c'est parce que je l'avais prévu que, ainsi que vous pouvez le voir dans les chapitres additionnels, ces articles ne figurent que dans la colonne des recettes votées par le Conseil et non dans la colonne des recettes proposées par le maire. A l'époque avancée de l'année à laquelle nous sommes arrivés, les appréciations sur le rendement de nos recettes n'ont plus rien d'hypothétique. L'évaluation d'un découvert ou déficit de 16 à 18,000 fr. que je vous avais présentée au mois de mai comme très probable, a acquis au onzième mois de l'année, un caractère de certitude.

Voici, en effet, les diminutions de recettes qui s'accusent dès à présent dans les deux parties du budget de 1874 (budget primitif et chapitres additionnels) ; diminutions qu'il n'y a plus à espérer de voir s'atténuer dans le peu de temps qui nous sépare de la clôture de cet exercice.

Budget primitif de 1874.

RÉSULTATS AU 1ᵉʳ NOVEMBRE 1874.

Réductions à prévoir d'après les opérations réalisées en recettes au 31 octobre 1874.

Art. 9. — Location des boucheries du Planal :

Prévisions.	600 f. 00 c.	
Locations effectives.	190 »	
Différences en moins.	410 »	410 f. »

Art. 10. — Octroi :

Prévisions.		74,000 f. »	
L'exercice 1873 a produit.	70,497 f. 09		
Au 31 octobre 1874, il y a en moins sur 1873.	2,420 »		
Donc 1874 calculé sur les recettes réalisées au 31 octobre ne donnerait que.	68,057 .09		
Ou en nombre rond.		68,000 »	
Différence avec les prévisions.		6,000 »	6,000 »

Art. 13. — Intérêts des fonds placés au Trésor :

Prévisions.	800 »	
Recettes probables.	400 »	
Différence en moins.	400 »	400 »

Art. 19. — Rétribution collégiale :

Prévisions.		4,500 »	
Recettes effectives.	2,800 »		
Sur lesquelles à déduire pour non-valeurs.	200 »		
Total à déduire.	2,600 »	2,600 »	
Réductions.		1,900 »	1,900 »

Art 20. — Concessions de places aux cimetières :

Prévisions.	3,750 »	
Recettes probables.	1,650 »	
Réductions.	2,100 »	2,100 »

Art. 22. — Boues et immondices :

Prévisions.	1,440 »	
Nouveau prix de ferme.	810 »	
Diminution	630 »	630 »
Total des réductions à prévoir sur les recettes du budget primitif.		11,440 »
Les recettes du budget primitif sont portées pour.		154,238 85

Dans cet état, est compris la somme de 12,277 fr. 33 c., pour la recette de la 3e annuité des mobilisés, laquelle a été touchée le 24 septembre 1874.

Les dépenses s'élèvent à.		152,673 67

lesquelles comprennent à payer les sommes suivantes, imputables sur le remboursement des mobilisés,

Savoir :

Balance.		1,255 18
Restauration du Planal.	5,324 »	
Abattoir.	6,933 »	
En tout.	11,277 33	

Somme égale à la 3e annuité du remboursement des mobilisés.

La balance du budget primitif présentait, dans les prévisions, un excédant de recettes de.		1,255 »
Mais les prévisions sur les recettes étant de.		11,440 »
Il y aura, en définitive, un excédant de dépenses de.		10,185 »

Chapitres additionnels de 1874.

RÉSULTATS AU 1er NOVEMBRE 1874

Les recettes portées aux chapitres additionnels sont portées pour une somme totale de. . . . . 39,196 f. 75

Dans ce total est comprise la somme de 24,554 fr. 66 c., touchée en 1873, par la caisse municipale, pour la première et la deuxième annuité du rem-

A reporter. . . . 39,196 f. 75

Report. . . 39,196 f. 75

boursement des mobilisés ; mais elle ne figure ni en espèces, ni en fonds placés au Trésor, ainsi que cela aurait dû avoir lieu pour des recettes ayant une distination spéciale et obligatoire. La rente de 24,554 fr. 66 c. avait été, contrairement à la loi sur la matière, confondue dans la masse générale des recettes effectuées par la caisse municipale.

Les dépenses portées aux chapitres additionnels, s'élèvent à. 35,309 94

De sorte que la balance des recettes et dépenses des chapitres additionnels, présente un excédant de prévisions de recettes de. 3,886 81

Mais les recettes effectives n'ont pas répondu aux prévisions, lesquelles ont subi les réductions suivantes, savoir :

1° Art. 14. Subvention espérée du ministère de l'instruction publique, une somme de 6,000 fr. qui n'a pu être obtenue et ne le sera pas, ci. . . . . 6,000 f. »

2° Non-valeurs diverses sur des articles de recettes qu'on ne recouvrera jamais. . . . . 400 »

3° Renouvellement des concessions temporaires de terrains aux cimetières. . . . . 5,000 »

Recettes effectuées au 4 novembre. . . . . 800 »

Diminutions. . . . . 4,200 »   4,200 »

4° Il a été porté à la section II des chapitres additionnels, plusieurs articles de recettes, pour le

A reporter. . . 82,593 f. 50

Report. . . 82,593 f. 50

produit de l'aliénation de chemins ruraux et emplacements devenus inutiles, s'élevant à la somme de 2,150 fr., recettes qui, à défaut du temps nécessaire pour l'accomplissement des formalités, ne seront certainement pas recouvrées dans le cours du présent exercice et, à raison de cette circonstance, ces articles ont été portés prématurément aux recettes des chapitres additionnels de 1874. En portant, sur cette prévision, une diminution seulement de 800 fr., nous restons au-dessous plutôt qu'au-dessus de la vérité. Soit donc une réduction de. . . 800 »

Total des diminutions sur les recettes prévues. . . . . 11,400 » 11,400 »

De sorte, qu'au lieu d'avoir un excédant de recettes sur les chapitres additionnels, on aura en réalité un excédant de dépenses de. 7,513 19

Récapitulation.

Récapitulation des diminutions de recettes sur les deux parties du budget.

1° Sur le budget primitif, il y aura une diminution de recettes de. . . . . , . . 10,185 f. »

2° Et sur les chapitres additionnels une diminution de. 7,513 19

Au total de. 17,698 19

Soit, en nombre rond, une somme de 17,500 fr., et cela en comprenant les trois annuités encaissées, 1872, 1873 et 1874 du remboursement des mobilisés.

Rappelons ici que si on n'avait pas touché au commencement de l'année, pour l'indemnité de la cession de l'avenue de la gare, la somme de. . . . .   3,750 »

Le découvert ou excédant de dépenses ci-dessus de. . . . .   17,500 »

Eût été grossi d'autant, et se fût élevé à la somme de.   21,250 »

Voila, en résumé, quels sont les résultats de l'exercice courant.

Ce découvert de 17,500 fr. sur un budget dont les recettes ordinaires et extraordinaires s'élèvent à 152,000 fr. n'est pas quelque chose de bien effrayant. Il n'aura d'autre conséquence que de retarder, jusque dans le cours de l'exercice 1879, le solde intégral des dépenses de la construction de l'abattoir et de rendre nécessaire pour combler le découvert, d'affecter au paiement de ces dépenses la continuation jusqu'en 1879 inclusivement du prélèvement des annuités qui servent à amortir la dette du terrain des Capucins et l'emprunt de 40,000 fr.

Une autre conséquence à noter, c'est que la nécessité de réserver ces annuités, qui s'élèvent à 11,250 fr., pour achever le paiement des dépenses de l'abattoir, nous tiendra dans la gêne jusqu'en 1879, avec un budget dont les recettes et les dépenses se nivelleront difficilement ; et nous obligera à laisser, comme en ce moment, des services municipaux intéressants, essentiels, insuffisamment dotés. Oui, messieurs, ce déficit de 17,500 fr. qui paraît peu de chose, va peser pendant cinq ans sur nos budgets, va nous mettre pendant cette période dans la situation de n'avoir aucune ressource disponible sur nos recettes, soit ordinaires, soit extraordinaires ; situation laborieuse où nous ne pourrons comme aujourd'hui, que végéter misérablement, nouant à grand'peine les deux bouts ensemble, à moins qu'on n'ait recours à la création de nouvelles ressources.

Je dois rappeler et vous faire remarquer dans quelles circonstances s'est produit le découvert de 17,500 fr.

Vous avez eu en mains, eu dehors des revenus ordinaires de la commune :

1° Le produit de l'emprunt de 1870, ci. . .	98,800 f. »
2° La subvention du ministère de l'Instruction publique, touchée le 1871.	6,000 »
3° L'indemnité du chemin de fer, pour la cession de l'avenue de la Gare, touchée le 1874. .	3,750 »
Total de ces trois sommes.	108,550 »
A ce total, il faut ajouter le découvert, soit. .	17,500 »

Ce qui fait qu'en dehors des ressources ordinaires, vous avez eu à votre disposition et avez employé ou engagé une somme totale de. . . .   126,050 »

Peut-être croirez-vous que dans cette somme de   126,050 » sont compris les fonds nécessaires pour le paiement de la construction de l'abattoir. Erreur. Dans cette somme, il n'y a d'affecté au paiement de l'abattoir, que celle de. . . . .   25,386 »

environ ; le surplus, soit. . . . .   100,664 » a été employé en dépenses diverses, dont la principale a été, pour 20,000 fr., la dépense des travaux de restauration du Planal, ci. . . . . .   20,000 »

Ainsi, une somme d'environ. . . . . . .   80,660 » a été semée en dépenses de toutes sortes et a servi à équilibrer vos budgets pendant les quatre dernières années.

L'abattoir coûtera au moins. . . . . . .   65,000 » (peut-être 70,000 fr.)

Les fonds faits et réalisés ne se montant qu'à. .   25,386 »

Il faudra se procurer la différence, c'est-à-dire. .   39,614 »

Soit, en nombre rond, 40,000 fr. et 45,000 fr. si la dépense se porte à 70,000 fr. C'est ainsi que pour solder ces 40 ou 45,000 fr. on sera dans la nécessité de prolonger, jusqu'en 1879, le prélèvement des annuités dont j'ai parlé et même d'affecter à cette destination les premiers revenus que donnera l'abattoir.

A la suite de cet exposé, je vous présenterai, comme en formant le complément et la justification, un travail concernant le paiement des travaux de l'abattoir, où les faits dont je vous rends compte en ce moment, sont établis d'une manière irréfutable.

Je viens de dire que sur la somme de. . . . 126,050 f. »
que vous aviez eue à votre disposition, il y avait eu d'affecté ou employé :

1° A l'abattoir.	25,386	»
2° Au Planal.	20,000	»
Soit une somme de.	45,386 »	45,386 »
Que le surplus, soit.		80,664 »

avait été affecté à solder dés dépenses de diverses sortes et à niveler les budgets antérieurs des exercices 1870, 1871, 1872 et 1873, et que, pour balancer les recettes et les dépenses de 1874, il manque une somme de 17,500 fr.

Je ne critique, ni même ne discute l'opportunité des dépenses ou engagements ; je n'en recherche ni l'origine, ni les auteurs ; je ne dis pas que l'emploi des deniers communaux n'a été ni judicieux, ni nécessaire ; je ne me prononce pas sur cette question. Simple comptable, je me borne à dresser un bilan, à poser des chiffres.

Je constate : 1° qu'après avoir eu à votre disposition la somme de. . . . . 103,550 f. »
ci-dessus mentionnée, dans laquelle le remboursement des mobilisés entrait pour une somme de 61,386 fr. 05 c., nous nous trouvons à la fin de l'exercice 1874, avec un découvert de. . . . . 17,500 »
2° qu'après avoir évalué la dépense de la construction de l'abattoir à 42,000 fr. (délibérations des 29 septembre 1872 et 2 février 1873) et après avoir cru et voté que cette dépense de 42,000 fr. serait entièrement soldée sur la somme de 61,386 fr. 05 c. montant du remboursement des mobilisés, il n'y a aujourd'hui de disponible pour cet objet qu'une

A reporter. . . 126,050 f. »

Report. . . 126,050 f. »

somme de 25,386 fr. et qu'en sus de cette somme, il y a des engagements, pour solder les travaux de l'abattoir, s'élevant à 40 ou 45,000 fr. c'est-à-dire à une somme égale à l'évaluation primitive de la construction de cet établissement ci. . . . . . 45,000 »

Qu'en résumé ayant eu pour point de départ des ressources réalisées s'élevant à 108,550 fr. nous sommes arrivés à des dépenses ou engagements pour une somme de. . . . . 171,050 »

laquelle dépasse de 62,500 fr. les prévisions de vos premières résolutions.

Cet excédant de dépenses ou engagements de 62,500 fr. auquel vous êtes arrivés, est tout ce que je veux constater ; vous y êtes arrivés à votre insu, sans le vouloir, je le constate aussi. Et je m'autorise de ces mécomptes pour dire, au moment où nous allons, pour le paiement de la construction de la caserne, contracter un emprunt de 270,000 fr., que nous devons nous efforcer de calculer mieux ; que nous devons asseoir nos évaluations de ressources, nos moyens d'amortir le dit emprunt sur des bases plus sûres, moins aventurées, et que la prudence nous conseille de nous garder avec soin, d'une part, des insuffisances de recettes et, d'autre part, des accroissements ou des survenances de dépenses.

CHAPITRE II

DETTES, EMPRUNTS ET ENGAGEMENTS A LIBÉRER POSTÉRIEUREMENT AU 1er JANVIER 1875.

1° Prix de la propriété des Capucins, affecté à la construction de l'école des Frères et au marché aux chevaux, en capital la somme de . . . . 36,000 fr.

Ce prix a été stipulé payable en six annuités, à partir de 1869. Les cinq premières, de 5,000 fr. ; la dernière de 6,000 fr.

Cette dernière sera exigible en 1875. Cette annuité était prélevée sur les revenus ordinaires. La somme de 5,000 fr. qui y avait été affectée chaque année, sera disponible à partir de l'exercice 1876.

2° Emprunt de 40,000 fr. voté par délibération du Conseil municipal du 14 mai 1868. Cet emprunt était remboursable par annuités, prélevées sur les revenus ordinaires ; la dernière s'élevant à 6,250 fr., se paiera en 1876. Cette dette sera amortie en 1876 et par conséquent l'annuité de 6,250 fr. sur les revenus ordinaires, sera libre à partir du 1er janvier 1877.

3° L'emprunt de 100,000 fr., dit de la Défense nationale, voté par délibérations des 18 septembre et 30 octobre 1870.

Cet emprunt a été stipulé remboursable en 12 annuités de 1871 à 1882, au moyen d'une imposition extraordinaire spéciale de 11 cent. 1[2 au principal des quatre contributions.

Cet emprunt sera amorti en 1882 et, à partir du 1er janvier 1883, l'imposition extraordinaire de 11 cent. 1[2 affectée au remboursement de cet emprunt cessera et aura pris fin.

4° Engagements contractés pour le paiement des travaux de l'abattoir.

La depense votée pour l'achat du terrain et la construction est de 64, 240 fr. Sera-ce tout ? cette somme ne sera-t-elle pas dépassée ? L'état peu avancé des travaux ne permet pas, quant à présent, de répondre à cette question. Mais, on peut le dire, ce serait la première fois qu'une construction évaluée, dans les devis, à 64,000 fr., ne coutât pas quelques milliers de francs de plus.

Quoi qu'il en soit, les ressources actuellement réalisées pour payer cette somme de 64,240 fr. se bornent à la somme de 25,386 fr. provenant du remboursement des mobilisés, dont nous avons parlé plus haut. Pour ne pas allonger cet exposé, nous renvoyons au travail spécial, dont nous avons parlé, sur les moyens de payer les travaux de l'abattoir, et nous bornons à en consigner ici la conclusion, laquelle établit qu'on n'a, pour faire ce paiement, que 1° les annuités sur les revenus ordinaires, servant en ce moment à l'amortissement des dettes et emprunt de 36,000 fr. et de 40,000 fr. ci-dessus mentionnés; 2° et les premières années des revenus de l'abattoir, et que ces deux sortes de ressources devront être et rester affectées à cette destination jusqu'en 1879.

Les quatre sortes de dettes et engagements que nous venons d'indiquer, constituent tout le passif dont le budget communal sera chargé postérieurement au 1er janvier 1875. Les ressources aujourd'hui prélevées sur les revenus ordinaires, pour satisfaire à l'acquit de ces dettes et engagements, ne seront véritablement libres et ne pourront être appliquées à un autre usage qu'à dater de l'exercice 1880.

Ces ressources, nous le rappelons, sont celles-ci :

1° L'annuité de 5,000 fr. servant à l'amortissement de la dette de 36,000 fr. ci. . . . . 5,000 f. »

2° L'annuité de 6,250 fr. servant à l'amortissement de l'emprunt de 40,000 fr. . . . . 6,250 »

Total. . . . . 11,250 »

3° A quoi s'ajouteront les revenus de l'abattoir, une somme annuelle nette de. . . . . 3,000 »

En tout. . . . . 14,250 »

CHAPITRE III

SUBVENTION PROMISE A L'ÉTAT ; MODES ET ÉPOQUES DE PAIEMENT DE CETTE SUBVENTION.

Emprunts à contracter ; voies et moyens à créer pour le remboursement des emprunts.

La subvention promise à l'Etat, par délibération des 17 mai et 27 août derniers et acceptée par décision du ministre de la guerre, approuvant la convention, passée le 11 octobre dernier, entre son représentant, le chef du génie à Carcassonne, et le maire, est de 810,000 fr.

Sur cette somme, un tiers doit être fourni et supporté par la ville, sans recours contre l'Etat, soit, ci.   .   .   .   270,000   »

et deux tiers doivent être avancés par la commune à l'Etat, sauf remboursement par l'Etat, en quatorze ans et quatorze annuités, avec intérêts à 5 p. 0\|0 ci.   540,000   »

Total.   810,000   »

Cette somme de 810,000 fr. devra, d'après la convention du 11 octobre dernier, être remise en trois ans, en 1875, 1876 et 1877, au fur et mesure de l'avancement des travaux de la construction.

Selon toute apparence, les paiements à faire chaque année, se feront non en bloc et par tiers, mais seront fractionnés et échelonnés selon la marche des travaux.

Emprunts à contracter.

La ville n'a pas deux moyens de se procurer la somme de 810,000 fr.; elle n'en a qu'un : l'emprunt.

Les modes d'emprunt seront différents selon qu'il s'agira de la somme de 540,000 fr. à recouvrer sur l'Etat, ou de celle de 270,000 fr. qui doit être supportée définitivement par la commune.

A l'égard de la première somme, la ville sera dans la nécessité d'avoir recours à la caisse des dépôts et consignations, laquelle prête aux communes, à raison de 5 p. 0\|0 d'intérêts.

La division du remboursement en quatorze annuités et la briéveté du terme de remboursement (14 années au maximum) sont des conditions qui éloigneront nos capitalistes d'un placement de cette nature et l'on ne pourrait espérer le placement des

540,000 fr. dans le pays, qu'à des conditions d'intérêt et de commission fort onéreuses, beaucoup plus onéreuses, à coup sûr, que celles de la caisse des dépôts et consignations.

Nous vous proposerons, le moment venu, de donner toute la publicité nécessaire pour obtenir la soumission de nos deux emprunts, de celui de 540,000 fr. comme de celui de 270,000 fr. aux meilleures conditions qu'il se pourra et nous verrons, par les souscriptions que nous recevrons, quel mode il sera préférable d'adopter.

En attendant, nous avons pris des informations auprès du Crédit Foncier et d'un établissement privé, en ce qui concerne l'emprunt de 270,000 fr. et voici les renseignements que nous avons obtenus.

Conditions du Crédit Foncier.

Le Crédit Foncier demande 1° un amortissement calculé sur le nombre d'années que durera l'opération ; 2° un intérét de 6 0|0 ;

Cet intérêt devant se continuer pendant tout le temps que la commune sera sa débitrice, nous paraît bien onéreux. Nous l'observerons en passant ; mais nous ne croyons pas qu'on puisse obtenir mieux ; il faudra donc en passer par là.

3° Une commission qui, il y a quelques mois, était de 0,35 c. p. 0|0 pour les frais d'administration du Crédit Foncier et qui vient d'être réduite à 0,20 centimes p. 0|0.

Cette commission, si on ne la payait que sur le capital de 270,000 fr. ne serait que modérée. Mais le Crédit Foncier l'exige, tant sur les intérêts à servir pendant toute la durée de l'opération, que sur le capital. Ainsi, au lieu de payer cette commission sur 270,000, si l'emprunt est remboursable en 24 ans, par exemple, l'annuité étant en nombre rond de 22,300 fr. (chiffre exact 22,316 fr. 99 c.) on paiera la commission de 20 ou de 35 centimes sur 22,300 fr.×24, soit sur 535,000 fr. une commission de

18,320 fr. si on calcule sur 0,35 c. et un peu moindre si on calcule sur 20 c. Cette somme venant s'ajouter à l'intérêt de 6 0⟋0 pendant 24 ans, constituera pour la commune une lourde charge. Cependant, il n'y a, pas plus que pour l'intérêt, à discuter. Il faudra s'exécuter et payer cette commission sur la totalité du capital et des intérêts et, si nous signalons cela, c'est uniquement pour montrer les conséquences onéreuses de l'opération dans laquelle on s'engage.

Nous nous sommes adressés aussi au Comptoir d'escompte de Carcassonne. Le directeur de cet établissement pourra se charger de nous fournir la somme de 270,000 fr. Mais les conditions d'intérêts et de commission ne seraient pas inférieures à celles du Crédit foncier.

Etant données ces conditions d'intérêts et de commission, voici quelle serait l'annuité à payer, en calculant sur une commission de 35 cent. p. 0⟋0 :

Sur 270,000 fr., l'annuité sera pendant :

20 ans, à raison de	9 f. 00,24,26 p. 0⟋0	de	24,800 f.	18 c. 1⟋2
24 —	8 26,55,54	—	22,316	99 58 ^{m}
25 —	8 12,31, »	—	'21,932	37
30 —	7 57,65,92	—	20,457	79
40 —	6 97,23,05	—	18,735	32
50 —	6 67,93,03	—	18,234	20

Nous repoussons toute combinaison dont la durée dépasserait sensiblement vingt-cinq ans : 1° parce qu'il serait d'une mauvaise administration de laisser le budget communal chargé pendant plus de vingt-cinq ans d'une dette annuelle d'environ 20,000 fr.

2° Parce que les intérêts à 6 p. 0⟋0 et la commission à percevoir, sur les intérêts comme sur le principal, constituent une charge fort coûteuse, qu'il est de l'intérêt de la ville de ne prolonger que le moins longtemps possible et qu'il vaut mieux s'imposer des sacrifices qui permettent d'abréger la durée d'un pareil fardeau.

3° Enfin, il y a une raison péremptoire, c'est que le gouvernement n'autorise pas les communes à prendre des engagements pour un délai qui dépasse vingt-cinq ans.

Nous adoptons, quand à nous celui de ving-quatre ans, ce qui exige, pour l'amortissement de la somme de 270,000 fr. une annuité pour l'amortissement, l'intérêt à 6 p. 0|0, et la commission à 35 centimes p. 0|0. à raison de 8 fr., 26, 55, 54 p. 0|0, 22,316 fr, 99, 58, pendant vingt-quatre ans.

Création des voies et moyens. Nous proposons :

1° Pour vingt-quatre ans et à dater du 1er janvier 1875, le rétablissement du droit d'octroi de 0,65 centimes par hectolitre, sur le vin et les vendanges.

Ce droit produira, brut, une somme annuelle de   12,000 f. »

Le relevé, pendant les quatre dernières années, des quantités entrées en ville, en vins et vendanges, donne une moyenne de 18,289 hectolitres, ou en nombre rond 18,300 hectolitres, qui feraient à 65 c., une recette de 11,895 fr. (1).

2° L'extension du périmètre de l'octroi, jusqu'au chemin de fer, et la création d'un bureau dans l'intérieur de la gare aux marchandises :

Cette extension ne peut être établie qu'avec l'approbation du gouvernement et après enquête, et être mise en vigueur, si tant est qu'elle nous soit accordée, qu'à partir tout au plus du 1er juillet 1875 ou peut-être 1er janvier 1876.

Elle produirait, suivant l'évaluation du préposé

A reporter. . . 12,000 f. »

---

(1)	En 1870 de	22,680	hectolitres.
	En 1871 de	17,895	—
	En 1872 de	14,869	—
	En 1873 de	17,715	—
Total pour les quatre années,		73,159	
Soit en moyenne par an de		18,289	
ou en nombre rond de		18,300	hectolitres.

Report. . . 12,000 f. »

en chef de l'octroi, une somme nette des frais spé-
ciaux applicables à cet objet, par la suppression
de la fraude, un accroissement annuel de. . . .   2,000 »

3° L'admission, comme extrêmement probable
de l'accroissement des produits de l'octroi sur les
denrées aujourd'hui passibles des droits d'octroi,
résultant de la présence d'une garnison de 1,000
hommes, pour une somme de 6,000 fr. . . .   6,000 »

Une note jointe au dossier de cette affaire, sur les
consommations réglementaires de la troupe, mon-
tre que cette évaluation doit être bien près de la
vérité.

4° L'admission d'un accroissement spécial sur
les produits de l'octroi du vin et des vendanges, —
pour le cas ou ce droit serait rétabli, comme nous
le demandons plus haut, — résultant également de
la présence d'une garnison de 1,000 hommes :

D'après les renseignements qui nous ont été four-
nis, une garnison de 1,000 hommes consomme environ 400 hectolitres de vin par an.

A 65 centimes l'hectolitre, l'accroissement annuel
serait de (400 × 0,65). . . . .   260 »

5° L'accroissement des droits perçus à l'abattoir,
résultant de la consommation de 1,000 hommes :

La consommation réglementaire sera de 110,250
kilos de viandes, bœufs ou vaches ; soit, à raison
de 430 kilos par tête d'animal, de 230 à 250 têtes
d'animaux, qui pour la garnison de 1,000 hommes,
entreront à l'abattoir.

L'accroissement des droits perçus de ce chef,
sera par an de (250 × 3 fr.) . . . .   750 »

Ces trois sortes d'accroissement, art. 3, 4 et 5,

A reporter. . . 21,010 f. »

Report. . . 21,010 f. »

ne devront se produire que du fait de la présence de la garnison, c'est-à-dire après la construction de la caserne achevée, dans trente-six ou quarante mois ; on ne doit y compter que pour la fin du 2ᵉ semestre de 1877 ou pour le 1ᵉʳ semestre de 1878, pour l'article numéro 5.

Total des sommes ci-dessus. . . . . . . 21,010 »

6. Le vote d'une imposition extraordinaire de 3 centimes, au principal des quatres contributions, pendant cinq ans, ce qui produirait un peu plus de. 3,000 »

Total des ressources dont nous proposons la création. . . . . 24,010 »

Soit une somme excédant l'annuité de. . . . 22,316 99

De 1,693 01

Nous ne demandons l'imposition extraordinaire de trois centimes que pour un délai de cinq ans, parce que, pendant ce délai, l'expérience se fera sur le rendement effectif des ressources dont nous demandons la création. Si l'expérience démontre, soit l'insuffisance, soit la surabondance de ces ressources, on pourra aviser dans la cinquième année et, soit supprimer, soit prolonger au delà de 1879, l'imposition extraordinaire de trois centimes.

Si, d'ailleurs, le chiffre des ressources que nous proposons de créer, dépasse de 1,693 fr. 01 c., le montant de l'annuité, (22,316 fr. 99 c.), il n'y a là qu'un excès de précaution et de prévoyance, facilement justifiable.

En effet : 1° Les accroissements prévus sous les art. 1, 3 et 4 ci-dessus, ne s'obtiendront pas sans qu'il n'y ait aux bureaux de l'octroi un mouvement d'entrées beaucoup plus considérable que celui qui existe actuellement. Le personnel des agents sédentaires et ambulants employés aujourd'hui est à peine suffisant ; il faudra l'augmenter et ce n'est pas trop de prévoir qu'il faudra créer deux emplois de plus et augmenter les traitements actuels. Donc de ce chef nous prévoyons une dépense annuelle, en plus de ce qui se paie aujourd'hui en traitements, de. . . . .   1,200 f. »

2° Les accroissements prévus sous les art. 3, 4 et 5, ensemble 9,350 fr. sont calculés sur la présence permanente d'un effectif de 1,000 hommes. Si cet effectif ne reste pas complet pendant les 365 jours de l'année, il y aura une diminution proportionnelle sur le chiffre de 9,350 fr. Ainsi, en cas de guerre, ou si l'état de paix bien assuré permet de réduire l'effectif général de l'armée, en cas où une partie des deux bataillons viendrait à être détachée temporairement pour des exercices dans des camps, en cas d'émeutes ou de circonstances quelconques qui motiveraient l'absence partielle de la troupe, cette somme de 9,350 fr. pourrait être réduite. Supposons que ce soit seulement d'un vingtième, c'est de 1/20° de 9,350 fr. qu'il faudrait diminuer la somme ci-dessus, soit. . . .   467 50

3° La loi du 15 mai 1818, sur les octrois, donne le droit à l'Etat de prélever, dans les communes où il place une garnison, sur les produits de l'octroi, une part proportionnelle à l'augmentation que ces produits reçoivent de la présence de la garnison. Cela se traite par voie d'abonnement, et le prélèvement est, en général, calculé à raison de 7 fr. par homme.

Cette loi a été rendue à une époque où les frais de casernement étaient exclusivement supportés par l'Etat. Evidemment, il serait inique d'appliquer cette loi à la commune de Castelnaudary, qui aura contribué pour un tiers à la dépense de la caserne. On peut espérer que le gouvernement nous

A reporter. . .   1,667 50

Report. . .   1,667 50

tiendra compte de cette circonstance et consentira
à un abonnement modéré. Mais il n'y a pas lieu de
compter sur l'abandon absolu de ce prélèvement.
Supposons que l'on nous accorde une remise des
4|5 de 7 fr. ou de 7,000 fr. sur 1,000 hommes,
nous aurions, de ce chef, une charge de 1,400 fr.
à subir, en tant moins des augmentations ci-dessus
prévues,   ci. . . . .   1,400 »

Nous observons à ce sujet que dans la première
convention signée par nous le 26 mai dernier, avec
le représentant du ministre de la guerre, nous
avions exprimé un vœu dans ce sens, lequel n'est
pas reproduit dans la convention définitive, signée
le 11 octobre 1874 ; et si nous n'avons pas jugé à
propos de rappeler cette réserve, c'est, ainsi que
nous l'avons fait connaître dans la séance du conseil du 27 août dernier, dans la crainte, menacés
comme nous l'étions par des concurrents redouta-
bles, que la moindre modification apportée au pro-
jet préparé par les bureaux du ministère de la
guerre, ne nous exposât à perdre le bénéfice de la
décision prise en faveur de Castelnaudary. Le Conseil a approuvé le silence que nous avons proposé
de garder sur ce point dans la convention définitive. . . . .

Soit donc des réductions, possibles, sinon proba-
bles, sur les accroissements de produits indiqués ci-
dessus pour une somme de. . . . . . . fr.   3,067 50

4° Enfin, il faut observer que, quant à l'article 2, c'est-à-dire à
l'extension du périmètre de l'octroi jusqu'au chemin de fer, le
doute existe non pas seulement sur l'importance des accroissements à en obtenir, mais sur l'extension elle-même, laquelle, déjà

demandée par le Conseil municipal, en 1857, approuvée par le Préfet et par l'administration des contributions indirectes, a été refusée par le gouvernement.

Si, d'ailleurs, l'expérience vient à prouver que notre prudence a été excessive ; si, par la suite, en plein cours des opérations, dans quelques années, les accroissements que nous avons proposés sous les art. 1, 2, 3, 4 et 5, sont régulièrement atteints chaque année, peut-être dépassés, rien ne sera plus simple, si on n'a pas besoin de la totalité des dites ressources, que de procéder par voie de dégrèvement ; il ne manque pas d'articles au budget, d'articles surtout au règlement du tarif de l'octroi, sur lesquels il sera facile et toujours temps d'opérer des dégrèvements. Ainsi, en parculier, on pourrait affranchir les vendanges du droit d'octroi de 65 cent. que nous proposons ci-dessus. Mais, ce dégrèvement des vendanges, nous devons en avertir le conseil, n'est possible que si l'octroi est mis en ferme. Nous avons, à ce sujet, pris nos renseignements auprès de l'administration des Contributions indirectes. Si donc, on veut arriver, par la suite, au dégrèvement des vendanges, il faudra revenir au système de la mise en ferme de l'octroi, et c'est là une des raisons pour lesquelles nous proposerons ci-après le rétablissement de l'affermage de l'octroi.

Mise en ferme des droits d'octroi.

Le complément de mesures financières que nous vous proposons, est la mise en ferme des droits d'octroi. Nous ne connaissons que d'excellentes raisons pour ; nous n'avons pu en découvrir de sérieusement acceptables contre ce système.

Expérimenté avec succès pendant trois ans, il a produit non pas seulement la fixité des revenus, ce qui est déjà bien important pour l'établissement d'un budget sur des bases certaines et absolues, au lieu d'évaluations hypothétiques et des mécomptes inévitables qui s'en suivent ; voyez à cet égard votre budget de 1873, voyez celui de 1874, où la différence en moins, sur les produits de l'octroi, sera de 5 à 6,000 francs.

L'affermage de l'octroi a produit, pendant la période où ce système a été en vigueur, un accroissement de revenus, qui nous serait bien nécessaire, égal au montant des frais de perception, lesquels dépassent cette année 10,000 fr. sur un produit brut qui dépassera à peine 68,000 francs.

Il y a six bureaux d'octroi établis aux six entrées principales de de la ville, mais elle est ouverte de tous les côtés ; il y a six entrées dépourvues de bureaux qui y donnent accès et par lesquelles la fraude, malgré une surveillance active, s'exerce impunément. Toutes sortes de menues denrées, introduites en petites quantités, sont facilement dissimulées et soustraites à sa perception. Par suite de ces fraudes journalières, insaisissables, les droits qui devaient remplacer ceux autrefois établis sur le vin et les vendanges, ne donnent que de faibles recettes et, peut-être, je n'affirme rien, peut-être, dis-je, les droits nouveaux sur les volailles, par exemple, venant s'ajouter aux droits de place, ont-ils porté atteinte à la prospérité de nos foires et marchés.

Plus tard, le moment venu, nous traiterons amplement cette question : je mettrai sous vos yeux le tableau des produits des octrois pendant les neufs dernières années.

Puisque vous admettez l'affermage des droits de place, je ne sais ce qui vous empêcherait d'admettre par analogie l'affermage des droits d'octroi.

Cette mesure peut avoir une influence si salutaire sur nos revenus que je vous la recommande, non pas seulement pour le cas où vous adopteriez ma combinaison financière, mais tout autant pour le cas où vous adopteriez une combinaison différente de la mienne.

CHAPITRE VI

APPLICATION DES RESSOURCES A CRÉER

Les versements à faire par nos bailleurs de fonds, s'échelonneront en trois ans, selon l'avancement des travaux, probablement de trois en trois mois et commenceront vers le 1er avril 1875, par sommes de 20 ou 30,000 fr. Un décompte d'ntérêts dans lequel peut-être nous aurons à supporter une différence de 1 p. 0|0, sur les sommes non versées, sera à établir entre nous et nos prêteurs. J'ai préparé ce décompte qu'il est inutile, quant à présent, de mettre sous vos yeux.

Je me borne à vous dire qu'en rapprochant ces divers éléments, les versements partiels par nos bailleurs de fonds, les décomptes réciproques d'intérêts des recettes provenant des ressources dont je vous demande la création, on arrive à cette situation que, pour le paiement de la 3e annuité de remboursement dûe par la ville, et qui, probablement, sera à échéance vers le 1er avril ou mai 1878, les six diverses sources de revenus proposées seront toutes en plein cours de production et donneront une recette annuelle de 24,010 fr., sauf les réductions éventuelles dont je vous ai parlé plus haut, par exemple, celles provenant de l'extension du périmètre de l'octroi, si cette mesure n'est pas adoptée, soit par vous, soit par le gouvernement.

Dans ce cas, nos ressources, au lieu d'être de 24,010 fr., ne seraient plus que de 22,010 fr. Mais, cette somme d'un recouvrement devenu, à cette époque, certain et éprouvé, suffirait pour faire face au paiement de l'annuité de remboursement de 22,316 fr. 99. Ainsi, le service de l'emprunt, quelles que soient les éventualités qui puissent survenir, sera parfaitement assuré, dans le présent et dans l'avenir, et aucun des services municipaux auxquels le budget actuel doit satisfaire, ne sera ni compromis, ni exposé à subir des réductions pour venir au secours de l'amortissement de l'emprunt de la caserne.

Ce but, c'est-à-dire l'adoption d'une combinaison qui laisse le fonctionnement régulier du budget actuel, entièrement libre, qui réserve l'application des ressources aujourd'hui existantes du budget, tant ordinaire qu'extraordinaire, nous paraît devoir être poursuivi avec le plus grand soin. C'est d'arriver à ce but, au maintien de l'équilibre des recettes et des dépenses, qu'il est essentiel de se préoccuper par dessus tout.

On nous objectera peut-être que nous dépassons le but qu'il s'agit d'atteindre ; que nous créons plus de ressources qu'il n'en faut ; que prochainement, la commune aura à sa disposition des fonds, en ce moment retenus pour le paiement d'engagements antérieurs et qu'il sera possible d'employer plus tard à l'amortissement de la dépense de la caserne.

Notre réponse est facile :

Nous n'oublions pas que les deux sommes (5,000 fr. et 6,250 fr.), ensemble 11,250 fr. affectées aujourd'hui à l'amortissement de la dette de 36,000 fr. et de l'emprunt de 40,000 fr., ne seront pas toujours engagées ;

Que le revenu de l'abattoir, soit 3,000 fr., viendra accroître nos ressources, après l'acquittement complet de la dépense de cette construction.

Voilà pour ces deux objets réunis, une somme (11, 250 fr. plus 3,000 fr.) de 14,250 fr. qui deviendra disponible. Mais à quelle époque ? Seulement en 1880, ainsi que nous le démontrons dans notre exposé relatif aux dépenses de l'abattoir. Jusqu'en 1880, c'est-à-dire pendant 5 ans, il n'y aura aucun prélèvement à faire sur cette somme de 14,250 fr., ne nous faisons pas d'illusions. Notre situation financière doit être ménagée avec vigilance ; le budget de 1874 se soldera en déficit, et pour solder ce déficit, il est nécessaire d'engager l'avenir pendant cinq années. Le budget de 1875 se meut dans des conditions si étroites que, une dépense inattendue de quelque importance, en troublerait l'économie. Sans doute, on réalisera l'année prochaine des ressources qui, portées aux chapitres additionnels de 1874, ne pourront l'être avant la cloture de l'exercice courant, telles que le prix de l'aliénation des chemins ruraux devenus inutiles, le prix des concessions temporaires à renouveller. Nous comptons sur le recouvrement de ces produits, sans pouvoir en spécifier le montant. Mais l'exercice 1875 n'aura-t-il pas ses charges imprévues ? Au moment où nous écrivons ces lignes, on nous invite à demander au conseil d'augmenter le contingent de la ville dans les dépenses des chemins de grande communication et d'intérêt commun, d'une somme de 1,700 fr. Cette dépense nouvelle sera-t-elle la seule ? assurément non. Il y a toujours, dans le cours d'un exercice, à craindre des créations de dépenses, plutôt qu'à espérer des créations de recettes.

Il est donc raisonnable de réserver les accroissements de ressources pour qu'elles puissent compenser les accroissements de dépenses, et il faut se tenir heureux que les unes, balançant les autres, l'équilibre préparé au budget primitif ne soit pas altéré au budget supplémentaire.

Ce qui arrive pour le budget de 1874, préparé, nous en sommes convaincu, avec un soin consciencieux et qui ne s'en soldera pas moins avec un excédant de dépenses d'environ 17,500 fr. doit nous tenir en garde contre des évaluations trop faciles.

Nous sommes donc fondé à ne compter sur aucun excédant de quelque importance, pour l'exercice 1875, quoique nous puissions espérer d'avoir à reporter aux chapitres additionnels de cet exercice des produits prévus et portés aux chapitres additionnels de 1874 et qui n'auront pu être recouvrés dans le cours de ce dernier exercice (1874).

Cette manière de raisonner, qui ne nous semble pas contestable, est applicable aux budgets suivants, tant que le paiement des travaux de l'abattoir n'aura pas été achevé. Ce ne sera, en définitive, qu'à partir de l'année 1880, que ces travaux ayant été réglés, on rentrera dans une situation nette, libre, où on pourra

disposer de la somme de 14,250 fr. dont nous avons parlé précé-
demment. (5,000+6,250+3,000=14,250 francs.)

La perspective de retrouver libre et disponible, sur les recettes
ordinaires à partir de 1880, une somme de 14,250 fr. loin d'être
la condamnation, est, au contraire, la justification de nos mesures financières. En ce moment et par suite des engagements
pris pour la construction de l'abattoir, la situation est laborieuse. Nous faisons face difficilement aux nécessités du présent et nous avons les bras liés pour cinq ans. Nous n'avons
même pas l'assurance que nos prochains exercices ne se solderont
pas en déficit comme cela arrive pour 1874. N'est-il pas désirable
que vous puissiez, dans un temps prochain, recouvrer la liberté de
vos mouvements, reconstituer nos budgets de manière à ne pas
cotoyer le déficit. J'insiste sur ce point qui définit avec précision
notre situation actuelle.

Peut-être trouverez-vous bien forte cette somme de 14,250 fr.
que je veux ménager libre, à partir de 1880. Je la trouve, quant
à moi, bien faible en présence des dépenses, non pas seulement
utiles, mais indispensables, auxquelles il faudra pourvoir dans un
temps assez rapproché. Je n'entre pour le moment dans aucun
développement ; je me borne à dire que si la fortune favorable
nous offrait, en ce moment, disponible cette somme annuelle de
14,250 fr., on pourrait en faire de suite l'emploi le plus utile ;
on n'aurait que l'embarras du choix des dépenses ou travaux les
plus nécessaires auxquelles cette ressource pourrait être appliquée
immédiatement.

Messieurs, vous examinerez les mesures financières que je vous
propose ; vous les discuterez, vous pourrez ne pas les adopter ; ce
que vous ne pourrez pas, c'est discuter, c'est contester sa situation
telle que je l'ai définie, c'est ne pas reconnaître la nécessité, en
contractant un emprunt de 270,000 fr. d'assurer les ressources
nécessaires, pendant la durée de l'amortissement de cet emprunt,
pour que les divers services municipaux dont quelques uns sont
déjà en souffrance, soient suffisamment dotés et que nos finances

restent solidement équilibrées et mises à l'abri de tous mé-comptes.

En finissant, permettez que j'insiste une dernière fois. En admettant mes propositions, c'est-à-dire en établissant, au profit de la ville, un droit d'octroi de 65 centimes par hectolitre sur le vin et les vendanges qui, aujourd'hui, ne paient rien à la ville à leur entrée; en affermant les droits d'octroi, vous accroissez nos revenus de 14,000 fr. au moins, par an, bien assurés, et, comme au 1er janvier 1880 vous aurez sur les recettes ordinaires 14,250 fr. par an, libres, disponibles, bien assurés aussi, vous ferez à la ville, au lieu de sa situation gênée actuelle, une situation forte, solide, excellente, jose l'affirmer. En même temps que vous aurez voté des ressources pour amortir facilement l'emprunt de la caserne, vous aurez ouvert à nos successeurs — vos pouvoirs comme les miens vont expirer — les moyens de réaliser dans la cité les nombreuses créations et améliorations dont elle a un si pressant besoin. Je livre cela à vos réflexions.

APPENDICE

CONSTRUCTION DE L'ABATTOIR

Situation financière de la ville, au point de vue du paiement des travaux de l'Abattoir.

CRÉDITS ET RECETTES

AYANT UNE AFFECTATION SPÉCIALE NON EMPLOYÉS SUIVANT LA DESTINATION PRÉVUE ET OBLIGATOIRE.

La construction de l'abattoir a été décidée par délibération du 29 décembre 1872 et 2 février 1873, à la suite et en exécution de la loi du 11 septembre et de la circulaire ministérielle du 7 avril 1872, qui ordonne le remboursement par l'État aux communes des dépenses faites pour l'armement des mobilisés.

Ces délibérations appliquent la somme à recevoir de l'État aux travaux d'utilité publique y désignés. La circulaire prescrit de ne disposer de la somme remboursée qu'avec le concours des contribuables les plus imposés, sans distinguer, comme le fait la loi de 1847, si les communes ont un revenu supérieur ou inférieur à 100,000 fr·

Cette dernière disposition n'a pas été observée dans le département de l'Aude. Les délibérations des 29 décembre 1872 et 2 février 1873, ont été prises, à Castelnaudary, par le conseil ordinaire et non par le conseil renforcé. Etait-ce bien légal ? Il est inutile de se préoccuper de cette question. Ces délibérations ayant été approuvées par décision préfectorale, leur validité n'est pas contestable.

Un point restait également obligatoire, c'était l'affectation de la somme remboursée aux travaux désignés dans les délibérations des 29 décembre 1872 et 2 février 1873.

L'affectation spéciale constitue une sorte d'hypothèque et l'interdiction d'appliquer les sommes dont s'agit à d'autres travaux que ceux spécifiés aux délibérations. Disposer de ces sommes pour une autre destination, c'est une opération aussi irrégulière que celle de dépasser un crédit ouvert ou de transporter, sans virement approuvé par le Conseil, les sommes d'un crédit défini à un autre crédit.

Voyons ce qui a été fait.

Le contingent attribué à Castelnaudary, sur le remboursement des mobilisés, est de 61,386 fr. 05, payable en cinq annuités égales, en 1872, 1873, 1874, 1875 et 1876. Chaque annuité est de 12,277 fr. 33. Les deux premières ont été versées dans la caisse municipale en 1873, soit une somme totale de 24,514 fr. 66; la troisième l'a été le 24 septembre 1874.

L'emploi de la somme de 61,386 fr. 05 a été, par les délibérations précitées (29 décembre 1872 et 2 février 1873), appliqué aux travaux suivants, savoir :

1° A la construction de l'abattoir. . . . . 42,000 fr. 00
2° Aux travaux du Planal 16,700   00
3° A l'horloge de la rue Sainte-Croix 1,800   00
5° Au paiement des intérêts des travaux de l'abattoir et dépenses diverses 886   66

Total égal . . . . 61,386 fr. 66

Pour l'exercice 1873, la commune devait recevoir et en effet elle a encaissé deux annuités, celle de 1872 et celle de 1873, soit une somme de . . . . 24,554 f. 66

L'emploi en a été réglé, par les crédits suivants ouverts au budget supplémentaire (chapitres additionnels de 1873), de la manière suivante :

A reporter. . . . 24,554 fr. 66

		Report. . .	24,554 f. 66
1° A l'horloge		1,800 f. »	
2° Au Planal. . : . . 5,238 f. » ⎫		11,376 »	
Id. . . . 6,138 » ⎭			
3° A l'abattoir. . . . 5,239 33 ⎫		11,372 66	
Id. . . . . . . 6,139 33 ⎭			
Total des crédits destinés à l'emploi des deux premières annuités.		24,554 f. 66	24,554 f. 66

Sur la somme de 24,554 fr. 66 c. touchée par la caisse municipale et qui devait être employée comme on vient de le dire, quelles ont été les sommes véritablement payées en 1873 ? Il n'y en a eu d'autres que celle-ci :

1° Sur l'horloge.	1,523 f. 15
2° Sur les travaux du Planal.	
1° Une somme de . . . . . 4,761 f. 77	
2° Une somme de . . . . . 6,045 »	
3° Une troisième somme de (1). 569 23	
Soit conforme au crédit. . . . . 11,376 f. »	11,376 » »
Total des paiements effectués sur le crédit ouvert.	12,899 15

Ce crédit, égal à la somme qui a été encaissée sur le remboursement des mobilisés s'élevait, comme on l'a vu, à la somme de. 24,554 66

Il ressort de là qu'une somme de. . . . . . 11,655 f. 51
qui a été touchée et avait été affectée à une destination déterminée, devrait, en raison de cette affectation spéciale, se trouver disponible et être représentée par des valeurs de caisse, excédants de recettes en caisse, numéraire, ou placements au Trésor.

---

(1) Il a été payé sur les travaux du Planal, outre la somme ci dessus indiquée de. . . . . 11,376 f. »»
provenant du remboursement des mobilisés, une somme de 1,004 fr. 49 c. provenant de l'indemnité payée par le chemin de fer, pour cession de l'avenue de la gare. . . . . , . . ci. 1,004 f 49

Total réellement payé ; exercice 1873 sur les travaux du Planal. . . . 12,377 fr 49

Cette portion, non employée des deux premières annuités sur l'indemnité des mobilisés, et qu'on a vu être de   11,655 f. 51 représente les restes à payer : 1° Sur le crédit ouvert pour l'abattoir.   ci. . . . . 11,378 f. 66 c.

  2° Le crédit ouvert pour l'horloge.   276   85 »

        soit ensemble. . . . 11,655 f. 51 c.   11,655 f. 51

Cette portion qui devrait se retrouver dans la caisse municipale, (en numéraire, où placements au Trésor), y existe-t-elle ?

Non. Elle n'existe pas dans la caisse municipale.

Cette situation a-t-elle été régularisée aux chapitres additionnels de 1874 ?

Nullement. On y constate, au premier article, un reliquat en caisse de 8,499 fr. 70 c. (numéraire et placements au Trésor), applicable aux opérations générales du budget supplémentaire ; n'ayant pas, ainsi que, régulièrement, cela aurait dû l'être, l'affectation spéciale, nécessaire pour couvrir les restes à payer ci-dessus de 11,655 fr. 55 c., restes qui avaient une affectation spéciale.

Et on porte, comme restes à recouvrer, des créances ou recouvrements, tels que la somme de 6,000 fr., à recevoir du ministère de l'Instruction publique, à titre de subvention, dont nous parlerons ci-après et divers restes à recouvrer des exercices antérieurs, sur lesquels une partie peut dès à présent être considérée comme irrécouvrable. Evidemment, ce mode de procéder n'est pas régulier. On a oublié le caractère spécial de la recette qu'on avait faite ; on en a disposé comme si cette recette appartenait à la catégorie ordinaire des recettes du budget.

Le budget primitif de 1874 règle l'emploi de la 3° annuité du remboursement des mobilisés, laquelle a été touchée le 24 septembre dernier, soit une somme de. . . . . 12,277 f. 33 »
de la manière suivante :

  1. Pour la restauration du Planal, une somme de . . . .   5,324 f. »

  2. Pour l'abbattoir, une somme de   6,953   33

        Total égal. . . 12,277 f. 33   12,277 f. 33

Ainsi, sur la 3ᵉ annuité, le budget primitif de 1874 ouvre pour le paiement de l'abattoir, art. 80, un crédit de. . .   6,953 f. 33

Le budget supplémentaire (Chapitres additionnels) ouvre, par report de l'exercice 1873, crédits non employés, savoir :

1° Une première somme de. .   5,239 f. 33 c.

2° Une deuxième somme de .   6,139   33 »

Total . . . .   11,378 f. 66 »   11,378   66

Total des crédits ouverts pour l'exercice 1874, tant au budget primitif qu'au budget supplémentaire . . . .   18,331 f. 99

D'après nos prévisions (voir l'exposé ci-dessus des voies et moyens), c'est-à-dire tant du budget primitif que du budget supplémentaire, celui-ci comprenant les résultats de l'exercice 1873, se solderait par un découvert de 17,698 fr. 01 cent., ou en nombre rond de . . . .   17,500 f. »

Il n'y aurait donc de net, d'effectif véritablement applicable (sans troubler l'équilibre du budget de 1874), aux travaux de l'abattoir qu'une somme de   834   99

Nous observons toutefois que 1° ce découvert de 17,500 fr. n'a été réduit à cette somme ci. .   17,500 f. »
que parce qu'on a pu toucher aux premiers mois de 1874, l'indemnité, pour la cession par le chemin de fer, de l'avenue de la gare, soit. .   3,750   »
que, si, on n'avait pas eu cette somme pour atténuer le découvert, il eut été non de 17,500 fr., mais de . . . .   21,250 f. »

Les prévisions suivantes feront défaut, savoir :

1° une somme de 6,000 fr., portée en prévision de recette dans les trois exercices précédents, pour une subvention de pareille somme, à recevoir du ministère de l'Instruction publique, à l'occasion des travaux de mise en état du collége, promise ou du moins annoncée comme promise, par le recteur de l'académie de Montpellier. Nous avons sollicité et des démarches ont été faites, à notre prière, pour obtenir la réalisation de cette prétendue promesse. Ces démarches n'ont eu d'autre résultat, que de nous donner la certitude *qu'aucune trace*, remarquez bien ces termes (*aucune trace*) *de la promesse sus-rappelée, n'existe dans les bureaux du Ministère ;* qu'aucun engagement n'a été pris envers nous ; qu'il n'y a pas, quant à présent, à. faire le moindre fonds sur cette ressource ; que si la commune veut demander une subvention, en raison des dépenses faites, tant pour le collége que pour l'école primaire communale, c'est une affaire à instruire à nouveau, subordonnée aux éventualités ordinaires de ces sortes de demandes.

2° Une somme de 479 fr. pour divers restes à recouvrer des exercices antérieurs, dont la rentrée est extrêmement douteuse.

Le complément du déficit de 17,500 fr., que nous prévoyons comme le résultat final de l'exercice 1874, se compose principalement de différences en moins sur certains produits, ainsi que nous l'avons établi dans l'exposé qui précède.

Ceci posé, il est constant que, si on fait à l'abattoir, en 1874, des travaux pour le montant du crédit ouvert, soit pour 18,331 fr. 99 c., on sera en déficit d'une somme de 17,500 fr.

Que si on veut avoir en équilibre les recettes et les dépenses, il faudra ne faire, à l'abattoir, des travaux que pour une somme de 831 fr. 99 c.

Que tout ce qu'on paiera au delà de cette dernière somme, constituera un excédant de dépenses, qu'il faudra reporter aux dépenses des chapitres additionnels de l'exercice 1875 ; exercice dont le budget primitif se solde par un faible excédant de dépenses.

Nous venons de dire que, en 1873, la somme de 11,378 fr. 66 c., montant du crédit ouvert, pour travaux de l'abattoir, sur la somme de 24,554 fr. 66, touchée par la caisse municipale pour deux annuités du remboursement des mobilisés ; que cette somme, dis-je, de 11,378 fr. 66 n'avait pu être employée, les travaux de l'abattoir n'ayant pas été commencés en 1873 ; que cette somme versée dans la caisse, avait été appliquée, malgré son affectation spéciale à d'autres services. Cette manière d'opérer, avons-nous dit, n'a pas été régulière. Nous n'en sommes pas responsables. Nous réparerons si nous le pouvons cette irrégularité. Nous remarquons en passant que si on n'eût pas ainsi disposé de cette somme pour d'autres services municipaux, ces services eussent été en souffrance de pareille somme. Pour ce qui est de l'avenir, nous veillerons à ce que, en 1874, lors de l'encaissement de la troisième annuité, soit 12,277 fr, 33 c., cette somme soit *ou* employée à solder, pour autant, des travaux effectués à l'abattoir, ou, sinon, placées au Trésor, pour être, le moment venu, c'est à-dire lorsqu'il y aura suffisamment de travaux exécutés et reçus, versée à l'entrepreneur.

Des faits ci-dessus, il ressort que, si on a reporté, en recettes et en dépenses, de l'exercice 1873, aux chapitres additionnels de 1874, ladite somme de 11,378 fr. 66 c., cette somme a été, en 1873, employée à d'autres services qu'à celui auquel elle avait été affectée ; qu'on s'en est servi comme d'un fonds de roulement ; que, pour la représenter, au lieu de belles et bonnes espèces, reçues du Trésor, ou de sommes équivalentes placées au Trésor, on a fait figurer aux recettes des chapitres additionnels de 1874, des valeurs hypothétiques d'un recouvrement douteux, comme la subvention à recevoir du ministère de l'instruction publique.

Arrivés à la fin de 1874, qu'elle sera notre situation ?

Ou bien on aura couvert le déficit de 17,500 fr. et en ce cas, il n'aura pu être appliqué à l'abattoir que 831 fr. 99 c. ou bien on aura payé, sur les travaux de l'abattoir, la somme de 18,331 fr. 99 c. et, en ce cas, les services municipaux seront à découvert d'une somme de 17,500 fr.

Relativement à la situation générale du budget, l'emploi de l'un ou de l'autre de ces deux modes de procéder est indifférent. Il manque, pour établir l'équilibre des recettes et des dépenses, une somme de 17,500 fr. Cette somme manque, bien que le budget primitif des recettes comprenne la 3me annuité du remboursement des mobilisés, qui a été, en effet, recouvrée au mois de septembre. Que la différence en moins soit supportée par les services généraux du budget, plus urgents et ne pouvant supporter le moindre retard, là n'est pas l'important ; dans un cas comme dans l'autre, les dépenses étant engagées, il faudra bien couvrir d'une manière quelconque, l'excédant de dépense de 17,500 fr.

Comme les services courants et ordinaires de l'administration municipale ne peuvent souffrir aucun retard, nous supposons que ces services seront payés comme de coutume, et que les dépenses de l'abattoir seront seules ajournées et réglées en bons de situation, sorte de bons de caisse, et, dans cette hypothèse, il arrivera ceci :

On n'aura eu de libre et de véritablement disponible, on n'aura pu payer et on n'aura effectivement payé sur les travaux de l'abattoir qu'une somme de. . . . . 831 fr. 99 c.

On aura à toucher, en 1875 et 1876, deux annuités pour le solde du remboursement des mobilisés, soit. . . . . 24,354 f. 64 c.

Et on n'aura libéré, sur le prix des dépenses de l'abattoir, en réalité qu'une somme de. . . : . 25,386 f. 63 c.

Ainsi, de la somme de 42,000 fr. qui, d'après le vote du Conseil, devait être prélevée sur le remboursement de la dépense des mobilisés et être affectée au paiement des travaux de l'abattoir, et dans le premier vote du Conseil, devait suffire pour payer la dépense totale de l'abattoir, ci . . . . 42,000 »
il n'aura été employé, sans égard pour l'affectation spéciale obligatoire, au lieu de 42,000 fr. comme on le devait, que. . . . . 25,386 f. 63 c.

la différence, soit. . . . . 16,613 f. 37 c.
aura été divertie de sa destination primitive et employée aux services ordinaires de la commune. Le remboursement des trois premières annuités des mobilisés n'aura servi à payer les travaux de l'abattoir que jusqu'à concurrence de 25,386 fr. 37 c.

Voyons maintenant à combien s'élèvera la dépense de l'abattoir, d'abord évaluée à 42,000 fr.

Le devis qui a servi de base à l'adjudication et a été approuvé par le Conseil se monte à francs . . . . . : . . . 54,500 f. 00

Sur cette somme, l'entrepreneur a fait un rabais de 4 %, ci. 2,030 00

Ce qui ramènerait la dépense primitivement votée,
à. . . . . 49,440 f. 00

Il faut y ajouter : 1° le prix du terrain (M. Laporte,
3,500 fr., Mme Cadenat, 100 fr.); soit en tout . . . 3,600 00

2° Les travaux complémentaires votés par délibération du 20 août dernier, ci. . . . . . . : . . . 11,200 00

Ce qui ferait une dépense de . . . . 64,240 f. 00

Est-ce bien tout? Une construction de 60,000 fr. ne donnera-t-elle lieu à aucun mécompte, à aucun excédant sur les prévisions?

Admettons un instant que cette somme ne sera pas dépassée.

Pour faire face à cette dépense de . . . . . . 64,240 f. 00
nous n'avons de ressources réalisées que celles provenant du remboursement des mobilisés, non plus
42,000 fr., mais seulement ce qui en reste disponible, soit. 25,386 44

et il nous reste à couvrir une somme de . . . . 38,853 f. 56
sans compter l'imprévu.

Où trouver cette somme?

Le budget de 1875 a été établi sur des bases trop peu élastiques pour espérer qu'aucune des ressources qui y sont portées puisse en être distraite et affectée aux dépenses de l'abattoir. Souhaitons seulement qu'il se solde en équilibre.

A la vérité, nous pourrons avoir, en 1875, les ressources provenant du renouvellement des concessions temporaires aux cimetières, lesquelles vont faire défaut aux ressources du budget supplémentaire de 1874, où elles ont été prématurément portées.

On pourra encore espérer de créer des ressources par l'aliénation de chemins ruraux devenus inutiles.

Mais ces deux sortes de ressources ayant un caractère éventuel, il est plus sage de les réserver, si elles se réalisent, pour faire face aux insuffisances du budget de 1875 et de ne pas compter sur elles pour aider à parfaire le paiement des dépenses de l'abattoir.

En 1876, la dette du prix du terrain des Capucins sera remboursée et, par suite, l'annuité de 5,000 fr., chaque année inscrite au budget pour éteindre cette dette, sera disponible.

On aura donc libre, en 1876, cette somme de . .   5,000 f. 00

En 1877, on aura cette même somme disponible, et aussi celle de 6,250 fr. formant l'annuité inscrite au budget pour l'amortissement de l'emprunt de . . .   40,000   00

Soit, pour les deux objets une somme totale disponible de.   11,250   »

En 1878, pareille somme.   11,250   »

En 1879, encore pareille somme.   11,250   »

Total de ces ressources. . . . .   38,750 f. »

C'est-à-dire la somme à couvrir qu'on a vu être de. . . . .   38,853 f. 56

Dans le vote du 20 août, le conseil a décidé que le paiement des dépenses complémentaires serait pris sur les premières années de revenus que donnera l'abattoir, évalués annuellement à la somme de 3,000 fr. nette. L'abattoir devant être terminé fin de 1875, il donnera des revenus à partir de l'année 1876. Ce serait pour les années 1876, 1877, 1878, 1879, un produit de $(3,000 \times 4) = 12,000$ fr.

Mais, il faut observer que si la construction est achevée à la fin de 1875, la totalité du prix des travaux sera exigible à la même époque, et, par suite, tout ce qui n'aura pu être payé pour cette époque, en espèces, et qui ne le sera qu'en bons de situation, produira des intérêts à 6 p. 0,0, qui viendront s'ajouter au prix des travaux et augmenter d'autant le capital de la dépense.

Le calcul de ces intérêts est facile à faire :

1° La somme de 12,277 fr. 33 c. montant de la 5me annuité du remboursement des mobilisés, payable en 1876, ne sera mandatée que vers le 1er septembre au plutôt. C'est donc pour l'intérêt du 1er janvier au 1er septembre 1877, de 12,277 fr. 33 c., soit huit mois.   491 f. 00 c.

2° En 1877, il sera payé sur la caisse communale, vers le 1er juillet une somme de 11,250 fr.

A reporter. . .   491 f. 00 c.

Report. . .   491 f. 0 c.

L'intérêt sera dû, du 1er janvier 1876 au 1er juillet 1878, soit dix-huit mois. 1,002 50

3° En 1878, pareille somme de 11,250 fr. pourra être payée vers le 1er juillet, pour intérêts du 1er janvier 1876 au 1er juillet 1878, soit trente mois.   1,677 50

4° Le prix d'achat de l'emplacement de l'abattoir est de 3,600 fr., productif d'intérêt à 5 p. 0/0, soit du 1er juin 1874, à pareille époque 1878, quatre années faisant (en nombre rond). . . . .   700 »

5° Ajoutons enfin pour frais de contrat, approximativement. . . . .   300 »

Total des diverses sommes. . . . . .   4,171 »

qui s'ajouteront au principal des dépenses de l'abattoir et qu'il faudra compenser ou payer avec la somme de 12,000 fr., représentant les revenus des quatre premières années. Ce n'est donc plus qu'une somme de 8,000 fr. qui serait libre sur les premières années des revenus de l'abattoir. Mais, jusqu'à présent, nous avons raisonné comme si la dépense de la construction ne devait pas dépasser les prévisions du devis. Est-ce bien prudent? Raisonner ainsi, n'est-ce pas se mettre aveuglément en contradiction avec ce que démontre l'expérience de tous les jours?

Le premier devis de l'abattoir était de 42,000 fr. Voilà qu'au moment d'entreprendre la construction, la dépense est déjà évaluée à 64,000 fr.

Les dépenses du Planal, évaluées à 16,700 fr., dépassent 20,000 fr.

Les revenus des boucheries évaluées de 600 fr. à 900, ne donneront que 190 fr.

Pour ne pas éprouver de trop forts mécomptes, n'est-il pas sage de laisser les revenus de l'abattoir jusqu'en 1878, inclusivement, en réserve pour couvrir les excédants de dépenses auxquels la construction pourra donner lieu?

Ainsi, si l'on veut être clairvoyant et prévoyant, il faut compter que les deux sommes servant actuellement (5,000 fr., plus 6,250 fr.)

à l'amortissement de la dette du terrain des Capucins et de l'emprunt de 40,000 fr., seront absorbées, jusqu'en 1879 inclusivement, pour solder les dépenses de l'abattoir, et qu'en résumé, lesdites deux sommes ne seront véritablement disponibles qu'en 1880. C'est à partir de cet exercice seulement que cette somme de 11,250 fr. sera libre, pleinement libre. C'est un fait dont il faut se souvenir, lorsqu'il s'agit de créer les voies et moyens pour la construction de la caserne.

www.ingramcontent.com/pod-product-compliance
Lightning Source LLC
LaVergne TN
LVHW022359170726
843503LV00008B/3730